TEÓFILO DIAS

Série Essencial | Concepção e coordenação
Antonio Carlos Secchin

Produção editorial
Monique Mendes
Revisão
Gilberto Araújo
Projeto gráfico e Editoração eletrônica
Estúdio Castellani | Imprensa Oficial do Estado de São Paulo
Caricaturas
J. Bosco

Catalogação na fonte:
Biblioteca da Academia Brasileira de Letras

S237 Santos, Wellington de Almeida, 1945 –.
Teófilo Dias : cadeira 36, patrono / Wellington de Almeida Santos. – Rio de Janeiro : Academia Brasileira de Letras ; São Paulo : Imprensa Oficial do Estado de São Paulo, 2012.
68 p. ; 19 cm. – (Essencial ; 54)

ISBN 978-85-7440-235-2 (Academia Brasileira de Letras)
ISBN 978-85-401-0074-9 (Imprensa Oficial)

1. Dias, Teófilo, 1854-1889. I. Título. II. Série.

CDD B869.92

Esta edição adota o novo *Acordo Ortográfico da Língua Portuguesa.*

054

Série Essencial

Teófilo Dias

Cadeira 36 / Patrono

Wellington de Almeida Santos

AD IMMORTALITATEM

Academia Brasileira de Letras

imprensaoficial
GOVERNO DO ESTADO DE SÃO PAULO

Teófilo Dias

Wellington de Almeida Santos

Notícia Biográfica

Teófilo Dias, nome literário de Teófilo Odorico Dias de Mesquita, nasceu em Caxias, Maranhão. A data exata de seu nascimento apresenta diversidade de dados, segundo o estudioso em evidência.

Para Antonio Candido, o mais eminente dos estudiosos de sua obra, o poeta nasceu em 8 de novembro de 1854 (CANDIDO, 1960: 18). Massaud Moisés está de acordo com essa informação (MOISÉS, 1984: 470). Diferentemente, José Veríssimo dá como certa a data de 28 de fevereiro (VERÍSSIMO, 1963: 268).

Caso mais complicado verifica-se com Péricles Eugênio da Silva Ramos, que registra as duas datas, mas em obras diferentes: na primeira das antologias que dedicou ao Parnasianismo registra 28 de fevereiro (Ramos, 1959: 33); posteriormente, em outra antologia, desta vez sobre a poesia simbolista, assinala 8 de novembro (Ramos, 1965: 47), sem qualquer explicação para a mudança de informação.

Já Raimundo de Menezes é voz discordante de todos, pois afirma que o poeta nasceu em 28 de fevereiro, mas no ano de 1857 (Menezes, 1978: 234), data contestada por Sacramento Blake.

Sacramento Blake atesta que o natalício do poeta se deu "a 8 de novembro de 1854 e não, como pensam alguns, a 28 de fevereiro de 1857" (Blake, 1970: 269), sem cogitar sequer da versão que dá como certa a terceira alternativa (28 de fevereiro de 1854). No entanto, não menciona qualquer documento ou fonte que abone sua informação.

A discussão sobre a verdadeira data está, no atual estágio, indefinida.

Foram seus pais Odorico Antônio de Mesquita e Joana Angélica Dias de Mesquita. Sobrinho, pelo lado materno, do grande poeta romântico Gonçalves Dias, parentesco que, desde o berço, granjeou-lhe alguma nomeada, embora Artur de Oliveira, seu insigne e entusiasta admirador, afirmasse a esse respeito que "as afinidades do gênio aproximam mais que os vínculos do sangue" (Oliveira, 1936: 242).

Estudou inicialmente no famoso Instituto de Humanidades de São Luís do Maranhão, instituição que contava entre os seus professores com a figura eminente de Francisco Sotero dos Reis. Depois, teria sido militar, carreira da qual desistiu para ingressar no comércio, do qual também se afastou, em Belém do Pará. Daí seguiu para o Rio de Janeiro, então capital do Império, destino de todo nordestino ambicioso, com cartas de recomendação. Foi, então, recebido por sua tia Olímpia, viúva de Gonçalves Dias, que o apresentou a Benjamin Constant. Este conseguiu-lhe emprego como professor de Gramática Filosófica e de Francês, no Colégio Aquino. Em consequência disso, ingressou na vida fluminense e conviveu com algumas das mais importantes personalidades do Brasil: Machado de Assis, Artur de Oliveira, Carvalho Júnior, Aluísio Azevedo, José do Patrocínio e Fontoura Xavier. Antes, em 1874, teria estreado na literatura, com a publicação de *Flores e Amores* (1874), em sua cidade natal. No entanto, não se conhece qualquer exemplar dessa obra, embora Sacramento Blake tenha assegurado que o livro foi realmente publicado.

Transferiu residência para São Paulo por volta de 1876, a fim de cursar a Faculdade de Direito. Ingressou no curso no ano seguinte e se tornou bacharel em 1881.

Em 1878, publicou simultaneamente os livros que marcaram sua verdadeira estreia literária: *Lira dos Verdes Anos*, com poemas escritos entre 1875 e 1876, livro que deveria ter sido lançado dois anos antes, não fosse a espera frustrada de um prefácio de Francisco Otaviano, e os *Cantos Tropicais*, obra que anuncia sua mudança de rumos poéticos, em face do anterior. *Lira dos Verdes Anos* é obra de um epígono do Romantismo, particularmente da poesia de Álvares de Azevedo, cuja presença é flagrante em sua dicção e em seus temas, a partir do título nomeado. Já *Cantos Tropicais* representa a face que seria delineada definitivamente com a publicação de *Fanfarras* (1882), este último saudado pelos contemporâneos, entre eles Alberto de Oliveira, como o livro inaugural do Parnasianismo brasileiro, opinião partilhada por nomes ilustres, como Manuel Bandeira (Bandeira, 1938) e Antonio Candido (Candido, 1960).

Desenvolveu intensa atividade jornalística e, nessa condição, teve atuação destacada na célebre "Batalha do Parnaso", não porque se referisse ao Parnasianismo, mas "porque os golpes se desfechavam em versos" (Bandeira, 1938: 7), polêmica travada no *Diário do Rio de Janeiro*, no correr de 1878. Ainda segundo Manuel Bandeira, a luta, desenvolvida "em versos medíocres", confrontou entre si os poetas românticos que teimavam em permanecer no cenário poético e os adeptos da "Ideia Nova", os quais preconizavam princípios antirromânticos, no *Diário*, marco histórico importante para a evolução da poesia brasileira (Bandeira, 1938: 7-11).

Quase ao final do curso, quartanista, casou-se com Gabriela Frederica Ribeiro de Andrada. Por influência de parentes, militou na política, tornando-se deputado provincial pelo Partido Liberal, nos anos de 1884 a 1886.

O último livro, *A Comédia dos Deuses* (1887), é uma tradução em versos da primeira parte da obra em prosa *Ahasvérus* (1858), de Edgar Quinet.

Faleceu em 29 de março de 1889, de doença cardíaca.

É patrono da Cadeira 36 da Academia Brasileira de Letras; ocupa igual posto na Academia Paulista de Letras, Cadeira 33.

Reflexões sobre Poesia

Todo escritor, ficcionista ou poeta, possui uma orientação estética que expõe, de modo direto ou indireto, em seus diferentes escritos.

Teófilo Dias apresentou por meio de três textos, pelo menos, um posicionamento reflexivo acerca daquilo que, no seu entender, deveria ser o esboço de uma poética. Entenda-se o termo no sentido amplo de conjunto de ideias que enformam o ideal do poeta: concepção estético-literária, escolhas temáticas, rigor formal, elementos através dos quais um escritor exibe os bastidores que sustentam sua criação literária.

Cronologicamente, os dois primeiros textos são a "Carta a Artur Barreiros a Propósito das 'Canções Românticas' de Alberto de Oliveira" e "A Poesia Moderna" (incluído nos *Cantos Tropicais*), ambos de 1878.

Se se observar que entre 1878 e 1879 o nome de Teófilo Dias repercute positivamente no contexto mais amplo da literatura brasileira, num dos seus momentos mais complexos e de maior diversidade estética, ter-se-á o esboço de uma poética atualizada, elementos fundamentais para o adequado julgamento de sua contribuição para a evolução da poesia brasileira, no último quartel do século XIX. Nesse instante, travou-se a célebre polêmica conhecida como a "Batalha do Parnaso", conforme as pertinentes pesquisas de Manuel Bandeira (Bandeira, 1938). Nessa literal batalha em versos, Teófilo Dias desempenhou papel decisivo, embora um tanto controvertido, porquanto, tomando o partido dos que atacavam o Romantismo agonizante, publicava, no mesmo ano, dois livros ainda impregnados da poética que combatia, a *Lira dos Verdes Anos*, que repudiaria logo após a publicação, e os *Cantos Tropicais*, com postulação de sopro renovador, mas ainda com resquícios românticos; finalmente, a divulgação do ensaio "A Nova Geração" (1879), de Machado de Assis, autêntico balanço crítico da poesia da década de 1870.

O exame atento desses textos oferece, pois, ao estudioso a oportunidade de atestar a importância histórica de Teófilo

Dias, e verificar que ele foi um artista não só consciente de seu ofício, mas também preocupado em participar ativamente do movimento de renovação poética, pela influência recíproca de seus companheiros de geração, entre os quais se contavam Carvalho Júnior e Fontoura Xavier, seja por meio da apreciação da obra alheia (o pronunciamento sobre o livro de estreia de Alberto de Oliveira), seja por meio de um metapoema ("A Poesia Moderna"), seja ainda pela realização efetiva de uma obra prenunciadora de novidades (a publicação dos dois mencionados livros de poesia, sobretudo os *Cantos Tropicais*).

A coerência de Teófilo Dias nesse limiar de carreira encerra uma aparente contradição. Ao elogiar a obra inicial de Alberto de Oliveira, autentica sua própria visão sobre poesia, declarando que as *Canções Românticas* representavam o prenúncio de uma nova poética que substituiria os ultrapassados, mas não totalmente desprezados resquícios da "literatura clássico-romântica" (DIAS, 1978: 18). Acrescentou, no mesmo documento, que estes "são objeto de estudo, não fonte de inspiração" (*Idem*, *Ibidem*). E indagou, indeciso de sua prematura avaliação, se Alberto de Oliveira "empunhará os látegos febris da poesia socialista, para sarjar fundo as entranhas corruptas do mundo moral?" (*Idem*, p. 19), repudiando a herança romântica, como ele mesmo o faria, a respeito de seu próprio futuro poético.

Aqui reside a suposta contradição.

Teófilo Dias e outros poetas de seu tempo promoveram intenso debate, sobretudo através de periódicos (jornais e revistas), a respeito da crença de que a arte contemporânea deveria ser reflexo direto das reivindicações sociopolíticas da época, verdadeira tribuna onde se travariam os combates ideológicos, sustentados pelo que se denominou globalmente de "Ideia Nova", em prol do progresso e da justiça, com presumido suporte cientificista. Arte engajada, enfim.

E Teófilo Dias, ao publicar sua terceira coletânea de versos (se se considerar que realmente foi publicado o livro de 1874, *Flores e Amores*), os *Cantos Tropicais* (1878), incluiria na seção "Poesias Sociais" o segundo documento, desta vez de modo direto e explícito, identificado com a reflexão sobre o papel da poesia e, por extensão, do poeta na sociedade, o conhecido metapoema "A Poesia Moderna". Predomina nesse texto a clara intenção de realizar em sua própria obra o objetivo que considerou fundamental para a poesia, na ocasião: "És o raio da paz com brados de trovão! / Empunhas da Justiça a lança imaculada, / E o escudo da Razão!" (Dias, 1960: 89). Mas esse intento fracassou, conforme a ponderada argumentação de Machado de Assis sobre o assunto. Não se ajustam entre si "o ideal poético e o ideal político", porquanto o ajuste entre ambos não é "uma definição, nem implica um corpo de doutrina literária" (Assis, 1959, v. 3: 824).

Nem Alberto de Oliveira enveredou pela poesia social, nem Teófilo Dias realizou obra de mérito positivo com as poucas tentativas de desenvolvimento de arte engajada.

Finalmente, o terceiro documento é o "Prefácio" que escreveu para o livro de estreia de Augusto de Lima, *Contemporâneas* (1887). Aqui, exibe a fisionomia definitiva assumida por sua poética: o exímio artista do verso, qualidade que o consagrou, para a maioria dos críticos, como o principal precursor do Parnasianismo nascente, com o lançamento das *Fanfarras* (1882). Para muitos, como Alberto de Oliveira, *Fanfarras* é o livro inaugural do movimento parnasiano. Escrito cinco anos após a obra que marcaria seu nome na história da poesia brasileira, o "Prefácio" às *Contemporâneas* constitui-se uma espécie oblíqua de testamento poético do autor.

Nele estão consignados alguns princípios básicos da construção poética em versos como a entendeu Teófilo Dias em sua versão definitiva, identificados, no caso, na obra alheia, mas especularmente voltados para si mesmo, pois "Augusto de Lima entende a arte, como eu a compreendo" (Dias, 1909: 3).

O documento, com forte teor retrospectivo ao que produziu nas *Fanfarras*, destaca como ideais que a poesia "é a expressão imutável das impressões múltiplas e sucessivas que o espetáculo da natureza ou o drama da existência refletem no espírito que os contempla e interpreta"; que "o que caracteriza o artista é a faculdade de descobrir e aprimorar símbolos"; que "a principal inspiração é a da forma" e que "a arte suprema consiste na correspondência exata, na equivalência perfeita, entre a forma e o pensamento" (*Idem*, pp. 3-4).

Censura em Augusto de Lima apenas a escolha do título do livro – *Contemporâneas* – como se insinuasse, corrigindo a si mesmo no passado, que a arte digna desse nome é eterna e deve ultrapassar os modismos de época, inclusive a momentânea adesão ideológica que eventualmente possa prejudicar-lhe a fatura estética.

Análise da Obra

A obra poética de Teófilo Dias oscila entre a consagração epocal, com inegável e reconhecido valor histórico, marco determinante para os rumos da poesia brasileira posterior, e o desdém atual que vê nele apenas um brilhante artista do verso, agravado pela pecha de imitador servil da poesia de Baudelaire, de cuja complexidade temática teria sido mero diluidor, sem maiores consequências. De resto, o juízo que se faz da poesia pós-romântica do século XIX, sobretudo dos representantes da escola parnasiana, mesmo os poetas de maior reputação canônica (Alberto de Oliveira, Raimundo Correia e Olavo Bilac) segue um padrão semelhante.

O Parnasianismo, vertente de maior prestígio social no período que compreende os últimos 20 anos do século XIX, seria uma arte morta, mero exemplo de virtuosismo versificatório e exibicionismo verbal, poesia de salão para ser recitada em solenidades e ocasiões festivas, sem repercussão na mentalidade moderna do século XX.

Um rápido exame da fortuna crítica de Teófilo Dias, de Machado de Assis a Massaud Moisés, último estudioso de algum prestígio que dedicou atenção à sua obra, atesta que se trata de poeta de fisionomia algo camaleônica. Embora predomine a opinião que o considera, no mínimo, precursor do Parnasianismo, senão seu autor inaugural (estão neste grupo nomes como os de Sílvio Romero, Manuel Bandeira e Antonio Candido), há vozes destoantes que o veem como portador de traços "inconciliáveis com a doutrina do Parnaso brasileiro" (Ramos, 1965: 46), pois "sua mescla de fluidez do ritmo + aliterações + sinestesias aponta antes para o simbolismo, de que podemos considerá-lo tranquilo precursor" (*Idem, Ibidem*). Já Wilson Martins concorda parcialmente com o juízo de Péricles Eugênio da Silva Ramos, e o aponta como bastante eclético, um pouco de tudo (Martins, 1977-1978: 31-2).

Conquanto repudiasse o lançamento da *Lira dos Verdes Anos*, logo após sua publicação, a presença azevediana, claramente aludida no título e no teor dos poemas da coletânea (característica já mencionada), a verdade é que a força da tradição romântica jamais foi extirpada de sua poesia, mesmo nos poemas da fase madura, os textos recolhidos em *Fanfarras*. É possível rastrear, ao longo da carreira poética, além da flagrante marca de Álvares de Azevedo e outros poetas românticos, a sombra de Castro Alves. Pode-se registrar com destaque a sentida homenagem, não recolhida em livro, prestada ao vate baiano, por ocasião do décimo aniversário de sua morte, no poema "A Castro Alves", no jornal *O Americano* (1881), de que se transcreve a enfática primeira estrofe:

> Não pode macular-te a glória pura
> Do canino rancor com a espuma baixa,
> A matilha feroz que vil se agacha.
> Da inveja à sombra criminosa e escura:
> O teu gênio fecundo embora negue;
> Da história o pedestal, nunca vencido,
> Teu vulto ergueu bem alto, onde não chegue
> Da injustiça o rugido (DIAS, 1921: 123).

Ressalte-se o verso "A matilha feroz que vil se agacha", cujo sintagma "matilha feroz" guarda a imagem central já aproveitada em seu poema mais conhecido, "A Matilha": "A matilha feroz persegue enfurecida" (DIAS, 1960: 74).

Como Castro Alves, cantou o transporte moderno de sua época, a locomotiva, em poema homônimo, parafraseando uma das imagens pertinentes do poema castroalvino. Enquanto em Castro Alves se lê, num célebre poema dedicado ao livro ("O Livro e a América") que "Agora que o trem de ferro / Acorda o tigre no cerro / E espanta os caboclos nus" (Alves, 1960: 78), Teófilo Dias repete a imagística e atualiza, radicalizando, os efeitos do progresso sobre a natureza, como se observa na segunda estrofe: "Evade-se da aldeia o índio foragido; / O cantor timorato agita as asas grandes; / E, enquanto o medo acossa o tigre espavorido. / Recolhe-se assustado aos píncaros dos Andes" (Dias, 1878: 66).

Finalmente, o uso de aliterações que Péricles Eugênio da Silva Ramos indicou como um dos traços estilísticos que afastavam a poética de Teófilo Dias da doutrina parnasiana e aproximavam da estética simbolista, também é um recurso retórico presente em Castro Alves. Que leitor de poesia não conhece os famosos, comoventes e funcionais versos de "O Navio Negreiro", "Auriverde pendão de minha terra,/Que a brisa do Brasil beija e balança," (Alves, 1960: 283), ou não recorda os belíssimos e sensuais versos da obra-prima lírica que é o poema "Boa-Noite", "A frouxa luz da alabastrina lâmpada / Lambe voluptuosa os teus contornos..." (Alves, 1960: 123)? Pode-se incluir nesse rol o nome de Álvares de Azevedo, que, quando o contexto poético o exigia, não hesitou em apelar para a aliteração, como na abertura do célebre soneto “Pálida à luz da lâmpada sombria” (AZEVEDO, 1962: 90).

Teófilo Dias fez uso comedido da aliteração, recurso que, devido ao uso às vezes até abusivo da estética simbolista, foi enumerado como uma de suas características mais salientes. Porém, o artifício rítmico-melódico já estava presente nos românticos de eleição do poeta maranhense.

Melhor situar Teófilo Dias como um poeta que, apesar de autor de uma obra curta (poucos títulos no essencial, num período relativamente curto – 1878 a 1882) “atravessou praticamente todas as tendências que marcaram a poesia de trânsito entre o Romantismo e o Parnasianismo” (MOISÉS, 1984: 470).

Antonio Candido é, até o momento, o intérprete mais sagaz da obra de Teófilo Dias. Com a publicação de uma preciosa antologia, precedida de excelente “Introdução” (CANDIDO, 1960), traçou rumos adequados a uma leitura, ao mesmo tempo panorâmica, em termos contextuais, e restrita, na análise particular dos poemas. O trabalho foi complementado e ampliado, mais de 20 anos depois, pelo indispensável “Os Primeiros Baudelairianos” (CANDIDO, 1987: 23-38), ensaio no qual o eminente crítico ampliou as observações já formuladas sobre o substrato baudelairiano, que, no seu entendimento, caracteriza principalmente os poemas de *Fanfarras*.

Aliás, a presença baudelairiana é reconhecida unanimemente pela crítica como a influência mais decisiva sobre a poesia de Teófilo Dias, ainda que com conclusões diferentes, tanto positivas quanto negativas. Alguns chegam a incluí-lo entre os chamados "realistas" do período, na corrente baudelairiana do satanismo e da sexualidade desenfreada.

Se se considerar que um dos aspectos mais combatidos da poesia da "nova geração", o da sexualidade desenfreada e da violência carnal (destaque para a obra de Carvalho Júnior, nesse sentido), principalmente com as restrições incontornáveis impostas pelos comentários de Machado de Assis (vide o ensaio "A Nova Geração" e outras resenhas críticas), ver-se-á que se trata de motivo temático devidamente inserido no contexto sociocultural vigente no último quartel do século XIX. Os representantes do novo ideal poético repudiavam os franzinos retratos femininos do epigonismo romântico, supostamente desprovidos de desejo sexual. Preconizava-se, na poética romântica, ainda em seus momentos mais felizes de realização literária, a mulher espiritualizada, convencionalismo que se denunciava nas entrelinhas de um desejo sexual reprimido de que o famoso "amor e medo" casimiriano é digno paradigma. Agora, sintonizados com o vigor físico com que se dotava o corpo humano, biologicamente sadio, pronto para atender às necessidades fisiológicas da natureza, exigiam e executavam uma poesia cheia de virilidade. A explosão sexual evidenciada na chamada "poesia realista" de Carvalho Júnior e de Teófilo Dias e outros poetas da "nova geração" nada mais é do que a liberação daquele erotismo recalcado, favorecida pelos novos tempos. Nesse quesito, a propósito de Teófilo Dias, Machado de Assis assinalou com justeza crítica, válida até hoje, que ele era, na verdade, o oposto de Carvalho Júnior. Enquanto identificava no desenvolvimento da temática amorosa de Carvalho Júnior "uma poesia sempre violenta", concebia a personalidade poética de Teófilo Dias, como dotada essencialmente de uma "ternura melancólica" (Assis, 1959, v. 3: 831).

Sem abdicar de todo da temática erótica mais ousada, de que o poema "A Matilha" (*Fanfarras*) tornou-se paradigma ("Não de outro modo, assim meus sôfregos desejos. / Em matilha voraz de alucinados beijos. / Percorrem-te o primor às langorosas linhas / As curvas juvenis, onde a volúpia aninhas,"), Teófilo Dias abrandou a pura sexualidade com sutis refinamentos descritivos, onde avulta uma atmosfera de sonho e magia, evidência de uma sensualidade sensível e requintada. Através desse artifício, logrou alcançar complexas compreensões do poder sedutor do corpo feminino, lampejos amorosos resgatados por uma arte superior, não raro ausentes de seus colegas de geração, como se vê nesse fragmento de "Andaluza" (*Cantos Tropicais*):

De Cádiz sob o céu sonhei-te, além do Atlântico,
Onde a volúpia ostenta os seios sempre nus;
Suspirava o luar da mandolina ao cântico,
Esbatendo choroso o pavilhão romântico
Ao lúbrico vapor fantástico da luz.

Essa mescla de materialidade carnal e dedicada contemplação espiritual com que dotava o sentimento amoroso deu como consequência um retrato feminino pleno, a mulher total, distante de extremos: nem a vaguidade romântica, nem a crueza "realista".

Violência carnal e "ternura melancólica", eis a equilibrada formulação antitética da poesia de Teófilo Dias.

É natural que a potencialização desse tópico coincidisse com a vigência de fatores que contribuiriam para unificar um projeto estético-literário nos poetas da "nova geração", o espírito de época: repúdio ao convencionalismo romântico quanto à construção dos frágeis retratos femininos, a atmosfera intelectual com forte inclinação materialista, a maciça divulgação de *As Flores do Mal*, de Baudelaire, livro reconhecido por unanimidade pela crítica como decisivo para os rumos posteriores da poesia brasileira da época, influência de que não foi exceção Teófilo Dias. No entanto, é possível considerar que, apesar de admitir essa presença baudelairiana, incontestável e patente, a poesia de Teófilo Dias adquiriu, em face dela, postura singular e personalíssima. Aliás, acrescente-se que Baudelaire foi figura fundamental para a evolução da poesia de seu próprio país, a França, na segunda metade do século XIX, matriz e encruzilhada de diferentes estéticas: a romântica, a parnasiana e a simbolista.

A presença decisiva de Baudelaire na obra de Teófilo Dias, explícita e registrada ao longo de seus diferentes livros, desde o início, atinge o auge com a publicação de *Fanfarras*, no qual estão incluídas cinco traduções de *As Flores do Mal* ("O Veneno", "O Espectro", "A Fonte de Sangue", "Manhã de Inverno" e "D. Juan nos Infernos"). Já traduzira "O Albatroz", incluído nos *Cantos Tropicais*, em cujo teor Machado de Assis via especularmente um autorretrato do poeta brasileiro, na figura da ave desgarrada da amplitude celestial, seu lugar original (Assis, 1959, v. 3: 83).

A essa altura, convém destacar a originalíssima assimilação da poesia de Baudelaire, via tradução, ou através da meditação implícita de seus processos poéticos, formulados por Teófilo Dias. Para o estudo funcional desse diálogo, bastam dois exemplos para refutar a ideia generalizada de que a obra poética de Teófilo Dias caracteriza-se, sobretudo, por seguir, num diapasão bastante diminuído, os passos de Baudelaire.

No primeiro exemplo, comparem-se dois poemas sobre a legendária figura de D. Juan, um de Teófilo Dias ("D. Juan", de *Cantos Tropicais*), e outro de Baudelaire ("*Don Juan aux Enfers*", de *Les Fleurs du Mal*), cuja tradução, elaborada por Teófilo Dias, foi considerada por Antonio Candido "extraordinária como reprodução do original" (CANDIDO, 1960: 114). Confrontados entre si, os dois poemas apresentam sensíveis diferenças. A rigor, a identidade se resume à abordagem do mito D. Juan. No restante, as divergências são abissais:

1 – no poema de Teófilo Dias, D. Juan surge como ressonância mítica do sedutor inveterado, quase despersonalizado, não fosse a nomeação do personagem e a situação por ele vagamente vivida: "Maldita seja a hora e malfadado o dia / Em que D. Juan entrou na alcova de Maria", ou, "Desapareceu de todo o fugitivo passo / Do ousado D. Juan, do pálido devasso"; em Baudelaire, D. Juan é o mito por excelência, na sua grandeza e ambiguidade universais, a ponto de os comentaristas divergirem acerca da fonte que eventualmente originou o poema, aspecto fascinante que não será aqui desenvolvido, por razões óbvias: "Como um grande tropel de vítimas expostas / Mulheres mil e mil, ao atro firmamento, / Erguiam, seios nus, as roupas descompostas,", "Sganarelo, a rir, lhe reclamava as pagas, / Enquanto D. Luís, com o dedo que tremia,", ou "A casta e magra Elvira, um último tributo". No entanto, a despeito da escassez de comentários mais detalhados, é possível mencionar pelo menos três opiniões: para Jamil Almansur

Haddad, a fonte básica é o conto "D. Juan", de T. W. Hoffmann; para Antonio Candido, inspira-se na peça de Molière; finalmente, para o organizador da edição francesa da Gallimard, Y.-G. Le Dantec, Baudelaire encontraria motivação num quadro de Delacroix ("*La Barque de Don Juan*"), embora com a ressalva de que "*l'épisode évoqué ne sont pas le même*" (*Apud* BAUDELAIRE, 1956: 1387);

2 – Teófilo Dias desenvolve seu poema sobre um episódio da vida de D. Juan, aliás, corriqueiro em sua trajetória existencial, a sedução de uma jovem donzela, personagem sobre quem recai a atenção do poeta: "Do crime – nem sinal! Não resta uma esperança / Que apague o aviltamento à vítima criança"; Baudelaire situa-o, após a morte, no inferno, saturado de referências mítico-literárias, as personagens clássicas reunidas em solene ritual de acusação e condenação eterna (Caronte, o barqueiro do inferno, D. Luís, seu pai, Elvira, sua esposa enganada, o Comendador e o criado Sganarello), as quais problematizam em demasia o estudo das fontes;

3 – Teófilo Dias explora apenas o nome D. Juan como protótipo do sedutor que torna infelizes suas vítimas amorosas. A moça nomeada, Maria, não remete a nenhum dos nomes conhecidos no rol das conquistas donjuanescas, praticamente um drama doméstico, sem maiores pretensões eruditas – paralelo contrastante com o episódio da trágica D.

Ana que vê seu quarto invadido pelo terrível sedutor, segundo a famosa versão de Lorenzo da Ponte, autor do libreto da ópera *Don Giovanni* (1787), de Mozart: "Em que D. Juan entrou na alcova de Maria"; Baudelaire aprofunda a ideia quase consensual de um D. Juan universal, punido com as penas do inferno por todos a quem, em vida, prejudicou (pai, donzelas, Comendador, criado): "Quando D. Juan desceu ao subterrâneo rio, / E pagou a Caronte o óbolo supremo,";

4 – Teófilo Dias evidencia a figura feminina ultrajada, temática e estilisticamente, abrange o cenário de um caráter virginal, em que pureza e brancura singularizam Maria, em contraste com a mancha negra com que identifica a monstruosidade de D. Juan: "Em nuvens afogado o disco do luar / Do pranto seu vertia a branca sonolência", "A lua pudibunda e meiga no alto céu / Reacendeu sorrindo a face peregrina;", "Podia-se inda ver da neve na brancura / O vestígio fatal de uma pisada escura."; Baudelaire ressalta o ambiente sombrio do inferno e suas figuras derrotadas pela maldade de D. Juan. Mas, se são vítimas, por que razão também estão no inferno?

No poema de Teófilo Dias a "violência carnal" com que sua obra poética madura foi identificada é repudiada. Predomina a visão de um poeta solidário com a dor de uma donzela, conspurcada no corpo e no espírito, pela violência carnal de um sedutor contumaz.

De resto, há que se assinalar o emprego funcional de aliterações, aqui presentes bem como ao longo da obra, estas sim, de óbvia matriz baudelairiana: "Na desfolhada flor da frágil inocência", com que sugere o cicio da penetração sorrateira de D. Juan no quarto de Maria. Ou, ao contrário, a indignação que se pressente no verso "A névoa rareou; rasgou-se o espesso véu;" com que exibe a raivosa quebra da atmosfera angelical da natureza, cúmplice ingênua da pureza de Maria prestes a ser profanada.

No segundo exemplo, observa-se um sutil trabalho de manipulação literária, em que Teófilo Dias, a pretexto de engendrar uma tradução de um soneto de Baudelaire ("*Brumes et Pluies*", de *Les Fleurs du Mal*), efetua uma criação verdadeiramente autoral, em que se misturam apropriação de texto alheio e invenção. Em nota ao texto, "traduzido" sob o título de "Manhã de Inverno" (*Fanfarras*), Antonio Candido registrou, sem desenvolver a ideia, que se trata de "um caso interessante de redução poética" e que, nessa operação, Teófilo Dias "fez um pequeno poema autônomo, alterando os dois primeiros versos" (CANDIDO, 1960: 113).

Na verdade, com abono da moderna teoria da intertextualidade, é possível considerar o resultado literário como um estramboto inspirado, no qual, se há a matriz baudelairiana, cujo crédito foi consignado pelo autor, sem escamoteação, mais forte foi a capacidade inventiva, pela "redução poética" e pela alteração dos "dois primeiros versos", uma surpreendente elaboração poética, trasvestida de "tradução".

O procedimento não é caso isolado na poética de Teófilo Dias, indicando tratar-se de atitude consciente e intencional. Assim também aconteceu com a "tradução" de um longo poema de A. de Musset ("*Le Saule – Fragment*", de *Premières Poésies*), do qual, segundo Antonio Candido, "Teófilo destacou pequena parte a fim de fazer um poema autônomo, de estrutura diversa, mas bastante fiel ao texto" (CANDIDO, 1960: 99), com o título de "Vésper" (*Fanfarras*).

De igual teor é a inusitada construção de sua última obra, resultado de uma *versão* em versos da primeira parte de uma obra em prosa de Edgard Quinet, *Ahasvérus* (1858), a que deu o título irônico de *A Comédia dos Deuses* (1887).

Mais de um século depois, a poesia de Teófilo Dias ilustra, com pequenos e necessários ajustes, aspirações de uma sociedade ávida de prazer material, sob a égide da ciência. A exposição do corpo sadio, perfeito, belo e sedutor, sobretudo o da mulher, como fonte de apelo erótico, atualiza e revitaliza a obra de um poeta que soube desvelar com paixão e arte o elemento feminino e suas circunstâncias.

BIBLIOGRAFIA SELETA DO AUTOR

DIAS, Teófilo. *Lira dos Verdes Anos*. Rio de Janeiro: Evaristo Rodrigues da Costa – Editor, 1878.

_____. *Cantos Tropicais*. Rio de Janeiro: Agostinho Gonçalves Guimarães & Cia, 1878.

_____. *Fanfarras*. São Paulo: Dolivaes Nunes, 1882.

_____. *Fanfarras*. Ed. Fac-similar de Jomar de Moraes. São Luís: Secmar, 1987.

_____. *A Comédia dos Deuses*. São Paulo: Teixeira & Irmão, 1887.

_____. "Prefácio". *In*: LIMA, Augusto de. *Poesias*. Rio de Janeiro: Garnier, 1909.

_____. "A Castro Alves". *In*:_____. et al. *Castro Alves – Apologia e Crítica. Revista da Academia Brasileira*; comemoração do cinquentenário do poeta. Rio de Janeiro: Francisco Alves, 1921, p. 123.

_____. *Poesias Escolhidas*. Sel., int. e notas de Antonio Candido. São Paulo: Conselho Estadual de Cultura, 1960.

_____. "Carta a Artur Barreiros a Propósito das 'Canções Românticas' de Alberto de Oliveira". *In*: _____. OLIVEIRA, Alberto de. *Poesias Completas*. Edição crítica por Marco Aurélio Mello Reis. Rio de Janeiro: Núcleo Editorial UERJ, 1978. v. 1, pp. 17-22.

BIBLIOGRAFIA SELETA SOBRE O AUTOR

ASSIS, Machado de. "A Nova Geração". *In*: _____. *Obra Completa*. Rio de Janeiro: Aguilar, 1959, v. 3.

BANDEIRA, Manuel. "Teófilo Dias". *In*: _____. *Antologia dos Poetas Brasileiros da Fase Parnasiana*. Rio de Janeiro: Ministério da Educação e Saúde, 1938.

BLAKE, Augusto Vitorino Alves Sacramento. "Teófilo Dias de Mesquita". *In*: _____. *Dicionário Bibliográfico Brasileiro*. Ed. Fac-similar. Rio de Janeiro: Conselho Federal de Cultura, 1970, v. 7.

CANDIDO, Antonio. "Introdução". *In*: DIAS, Teófilo. *Poesias Escolhidas*. São Paulo: Conselho Estadual de Cultura, 1960.

_____. "Os Primeiros Baudelairianos". *In*: _____. *A Educação pela Noite e outros Ensaios*. São Paulo: Ática, 1987.

MARTINS, Wilson. "A Guerra do Parnaso". *In*: _____. *História da Inteligência Brasileira*. São Paulo: Cultrix/Editora da Universidade de São Paulo, 1978, v. 4, pp. 20-34.

MENEZES, Raimundo de. "Teófilo Dias". *In*:_____. *Dicionário Literário Brasileiro*. 2.ª ed. rev. e aum. Rio de Janeiro: Livros Técnicos e Científicos, 1978.

MOISÉS, Massaud. "Teófilo Dias". *In*: _____. *História da Literatura Brasileira*: *Romantismo, Realismo*. São Paulo: Cultrix/Editora da Universidade de São Paulo, 1984.

OLIVEIRA, Alberto de. "O Culto da Forma na Poesia Brasileira". *In*: COUTINHO, Afrânio, org. *Caminhos do Pensamento Crítico*. Rio de Janeiro: Pallas/MEC, 1980, v. 1.

RAMOS, Péricles Eugênio da Silva. "Teófilo Odorico Dias de Mesquita". *In*: _____. *Panorama da Poesia Brasileira*; Parnasianismo. Rio de Janeiro: Civilização Brasileira, 1959, v. 3.

_____. "Teófilo Dias". *In*: _____. *Poesia Simbolista*; antologia. São Paulo: Melhoramentos, 1965.

_____. *Poesia Parnasiana*; antologia. São Paulo: Melhoramentos, 1969.

_____. "A Renovação Parnasiana na Poesia". *In*: COUTINHO, Afrânio, org. *A Literatura no Brasil*. 2.ª ed. Rio de Janeiro: Sul Americana, 1969, v. 3, pp. 83-134.

ROMERO, Silvio. "Reações Antirromânticas na Poesia – Evolução do Lirismo". *In*: _____. *História da Literatura Brasileira*. 5.ª ed. Rio de Janeiro: José Olympio, 1954, v. 5, pp. 1797-1826.

VERÍSSIMO, José. "O Naturalismo e o Parnasianismo". *In*: _____. *História da Literatura* Brasileira. 4.ª ed. Brasília: Editora UnB, 1963. pp. 258-72.

OUTRAS REFERÊNCIAS BIBLIOGRÁFICAS

ALVES, Castro. "O Livro e a América". *In*: _____. *Obra Completa*. Rio de Janeiro: Aguilar, 1960, pp. 76-8.

AZEVEDO, Álvares de. *Poesia Completa*. 2.ª ed. São Paulo: Saraiva, 1962.

BAUDELAIRE, Charles. *Les Fleurs du Mal*. *In*: _____. *Oeuvres Completes*. Texte établi et annoté par Y.-G. Le Dantec. Paris: Gallimard, 1956. (Bibliothèque de La Plêiade).

HADDAD, Jamil Almansur. "Baudelaire e o Brasil". *In*: BAUDELAIRE, Charles. *As Flores do Mal*. Tradução, prefácio e notas de Jamil Almansur Haddad. São Paulo: Difusão Europeia do Livro, 1958, pp. 5-76.

ANTOLOGIA

Olhos Azuis*

Na luz que o teu olhar azul transpira
Há sons espirituais, inebriantes,
Orvalhados de lágrimas – vibrantes
Como as notas da gusla que suspira.

A harpa, o bandolim, a frauta, a lira,
As vibrações suaves, cintilantes,
Facetadas, floridas, provocantes,
Do piano que ri, chora e delira.

Não traduzem o ritmo silencioso,
O perfume prismático, a magia
Do teu olhar inquieto, voluptuoso,

Que me levanta em ondas de harmonia,
Como suspenso manto vaporoso
À flor dos mares ao romper do dia!

---

* *In*: *Cantos Tropicais*. Rio de Janeiro: Agostinho Gonçalves Guimarães, 1878, p. 8.

Andaluza*

De Cádiz sob o céu sonhei-te, além do Atlântico,
Onde a volúpia ostenta os seios sempre nus;
Suspirava o luar da mandolina ao cântico,
Esbatendo choroso o pavilhão romântico
Ao lúbrico vapor fantástico da luz.

Muitas vezes te viu meu doido pensamento
Entre as veigas fugir, veloz como o bulcão,
Destrançado o cabelo, a roupa solta ao vento,
Em férvido ginete, altivo, suarento,
Sofreando-lhe o ardor a tua frágil mão.

Viu-te no anfiteatro, onde o *torero* pálido
Escuta as ovações do povo aclamador,
E na arena cruel o touro heroico, válido,
Embebe o humor vital, sangrento, rubro, cálido,
Ao frio dardo atroz do destro *matador*.

---

* *In*: *Cantos Tropicais*. Rio de Janeiro: Agostinho Gonçalves Guimarães, 1878, pp. 56-7.

Porém melhor te amei nas bacanais festivas,
Das taças ao tinido, ao brilho dos cristais,
Estuando-te o colo em pulsações lascivas,
Enquanto vacilante a turba dos convivas
Apalpava ao teu gesto os cabos dos punhais!

D. Juan*

A Muniz de Souza

Oh! Weep for the hour!

Moore.

Maldita seja a hora e malfadado o dia
Em que D. Juan entrou na alcova de Maria!
Andava em meio a noite; e da amplidão do ar
Em nuvens afogado o disco do luar
Do pranto seu vertia a branca sonolência
Na desfolhada flor da frágil inocência.
A névoa rareou; rasgou-se o espesso véu;
A lua pudibunda e meiga no alto céu
Reacendeu sorrindo a face peregrina;
Mas a nódoa cruel que essa hora de má sina
À criança deixou, não sei se é dado crer
Que a própria mão do tempo a possa desfazer.
A neve tapetou com o manto friorento
O trilho que D. Juan tomara no momento
Em que ao limiar da moça os passos dirigiu;
E já sobremanhã, depois que ele partiu,

---

* *In*: *Cantos Tropicais*. Rio de Janeiro: Agostinho Gonçalves Guimarães, 1878, p. 59.

Podia-se inda ver da neve na brancura
O vestígio fatal de uma pisada escura.
Enfim, crescendo o dia, o alvíssimo lençol
De neve se escoou, fundido pelo sol.
Desapareceu de todo o fugitivo passo
Do ousado D. Juan, do pálido devasso.
Do crime – nem sinal! Não resta uma esperança
Que apague o aviltamento à vítima criança:
Nada! Senão de luz um raio que dos céus
Lhe cai na alma infantil, – um doce olhar de Deus.

A Locomotiva*

A Mariano de Oliveira

Pela noite do tempo, escura, horrenda e feia,
O corcel do progresso os olhos inflamados
Acende, – sorve a terra, empina-se, e lhe ondeia
Solta – a crina de fumo aos ventos irritados.

Evade-se da aldeia o índio foragido;
O cantor timorato agita as asas grandes;
E, enquanto o medo acossa o tigre espavorido,
Recolhe-se assustado aos píncaros dos Andes.

Salve, raio de luz brilhante que fulgiste
Do cérebro-vulcão febril da humanidade,
E no teu rutilar de lava lhe imprimiste
Um vestígio que a exalta igual à divindade!

---

* *In*: *Cantos Tropicais*. Rio de Janeiro: Agostinho Gonçalves Guimarães, 1878, pp. 66-7.

Não queimas o teu seio ao facho da discórdia,
Que oferece às nações o devorante leito,
Mas harmonia e paz fraternal concórdia
Propagam os trovões que rugem no teu peito.

Tu levas no teu ventre o enxofre que cerceia
Os ferros que o poder tirânico nos lança,
A fé que há de limar dos povos a cadeia
E de vê-los irmãos certíssima esperança.

De um século és nascida esplêndido em memórias;
Filho dele também, saúdo-te de novo,
E altivo mais um louro enfeixo a tuas glórias,
E ajunto mais um bravo às bendições de um povo.

A Poesia Moderna*

A Pompílio de Albuquerque

Ó cândida poesia, ó virgem branca e pura!
Águia do pensamento, errante, foragida!
Onde pairas, que em vão te anseia, te procura,
Sequiosa de luz, minha alma consumida?
De que monte sublime, aos altos céus vizinho,
Foste ouvir de mais perto os cantos siderais?
De que nova brisa embala o palpitante ninho
        De novos ideais?

Envolve a tua fronte a tênebra sombria?
Que ignota mão sustém o pomo do futuro
Sobre o abismo do tempo, ó santa poesia,
Que rebrame a teus pés, profundo, horrendo, escuro?
Como, quando remuge a rábida tormenta,
Resvala a indócil nau aos fervidos parcéis,
Ó Arte, – rolarão na onda que rebenta
        Teus válidos pincéis?

---

* *In*: *Cantos Tropicais*. Rio de Janeiro: Agostinho Gonçalves Guimarães, 1878, pp. 136-9.

Poesia, onde estás? Teu corpo voluptuoso
No bosque do ideal repousa adormecido,
Na alfombra que margeia o rio harmonioso,
Que beija-te chorando o trêmulo vestido?
Esmoreceu-te o sono a pálpebra brilhante
Por onde irradiava a luz do teu olhar,
De que uma réstia só talvez fosse bastante
        Para o mundo salvar?

Estancou-se o caudal fresquíssimo e fecundo
Onde os bravos leões, batidos pela calma,
Vinham umedecer o lábio sitibundo,
E reviver de novo à sombra de tua alma?
– Já não ousam volver aos plainos devastados?
Ó sagrada vestal, é certo, pois, que em vão
Espreita o teu dormir, com os olhos encovados,
        O estudo, teu irmão?

Do mundo que desaba a poeira te sufoca?
Das lepras sociais minada surdamente,
Sentindo a vasa rir, cerraste a casta boca,
E o rosto virginal voltaste descontente?
– Oh! não! – Voaste além, librada nos espaços,

De onde vibres melhor a tua ardente voz,
Enquanto a sociedade estorce-se nos braços
Da corrupção atroz.

Ergueste o voo além – e viste das alturas,
Nas amplas espirais do vasto precipício
Torcerem-se do mal as vítimas escuras,
A luta das paixões, a cólera do vício;
Depois, sobre um altar, com diamantinos cravos,
Tu viste um áureo Cristo, enorme, preso à cruz,
E ouviste soluçar nas trevas os escravos
Repelidos da luz.

O nédio aristocrata o corpo preguiçoso
Viste estirar, e abrindo a boca enfastiada
Contratar sem pudor. Com riso caviloso,
O preço por que deve a honra ser comprada;
A altiva Liberdade, a tua irmã divina,
Sofismada, negada; – e ouviste sussurrar
Da febre da vingança a onda purpurina
No peito popular.

Tu viste a populaça, amarelenta e nua,
No lodo da miséria exausta se arrastando;

Um prostíbulo infame aberto em cada rua;
A embriaguez a rir; crianças soluçando;
O poder apoiando as pontas das espadas
Ao corpo social que verga-se ao grilhão,
E nota espavorido as fauces esfaimadas
Que fitam, do canhão.

Viste mais... E um tropel de Eumênides e harpias,
Minaz fermentação de ignívomo elemento,
Lançaste sobre o mundo em legiões sombrias,
Com o surdo horror do mar e as cóleras do vento.
"Roei da sociedade a vacilante base!"
Bradaste à inundação com lábio varonil;
"O edifício fatal de uma só vez se arrase,
Desfeito em cinza vil!"

E és hoje a grande luz da tempestade invicta!
De cada consciência entraste nos arcanos,
E o militar venal, e o ignóbil jesuíta
Ameaçam-te em vão com o cetro dos tiranos!
És a deusa viril da Ilíada sagrada!
És o raio de paz com brados de trovão!
Empunhas da Justiça a lança imaculada,
E o escudo da Razão!

O Elixir*

Enlanguesce-te a voz, sonora e rica,
Um simpático timbre insidioso,
Que em meu ouvido, em frêmito nervoso,
O vário acorde grava e multiplica.

No sopro mole, tépido, me fica
Suspensa a alma, em pasmo deleitoso,
Como a ave do ninho harmonioso
Que a tua voz no hálito edifica.

Quando lhe escuto a música enervante
Abate-me um torpor mórbido, quente,
Que me intumesce o sangue palpitante.

É que ela exala o fluido dissolvente
Do funesto elixir inebriante
Que te ameiga e embalsama o lábio ardente.

---

* *In*: *Fanfarras*. São Paulo: Dolivaes Nunes, 1882, pp. 18-19.

Ruínas*

A Fontoura Xavier

Ó rotos coruchéus! Ó velhas catedrais!
Outrora tínheis vós agulhas pensativas,
Que roçavam nos céus as nuvens fugitivas
Com o extático afã dos beijos sensuais!

Meu pensar, como vós em torres ideais,
Ergueu também visões fantásticas, altivas
Como em belos haréns as lânguidas cativas
Dos grandes castelões, dos déspotas feudais!

Que resta hoje de vós? Que lenda aos viajores
Contai, ó torreões? – Em lúbricos amores
A elétrica tormenta um dia vos prostrou!

Tal de minhas visões a sombra peregrina
Sumindo-se me aponta – em meio da ruína
De tudo que sonhei – o Deus que me habitou!

---

* *In*: *Cantos Tropicais.* Rio de Janeiro: Agostinho Gonçalves Guimarães, 1878, p. 99.

A Estátua*

Fosse-me dado, em mármor de Carrara,
Num arranco de gênio e de ardimento,
Às linhas do teu corpo o movimento
Suprimindo, fixar-te a forma rara,

Cheio de força, vida e sentimento,
Surgira-me o ideal da pedra clara,
E em fundo, eterno arroubo, se prostrara,
Ante a estátua imortal, meu pensamento.

Do albor de brandas formas eu vestira
Teus contornos gentis; eu te cobrira
Com mamóreo cendal os moles flancos,

E a sôfrega avidez dos meus desejos
Em mudo turbilhão de imóveis beijos
As curvas te enrolara em flocos brancos.

---

* *In*: *Fanfarras*. São Paulo: Dolivaes Nunes, 1882, pp. 40-1.

A Matilha*

Pendente a língua rubra, os sentidos atentos,
Inquieta, rastejando os vestígios sangrentos,
A matilha feroz persegue enfurecida,
Alucinadamente, a presa malferida.

Um, afitando o olhar, sonda a escura folhagem;
Outro consulta o vento; outro sorve a bafagem,
O fresco, vivo odor, cálido, penetrante,
Que, na rápida fuga, a vítima arquejante
Vai deixando no ar, pérfido e traiçoeiro;
Todos, num turbilhão fantástico, ligeiro,
Ora, em vórtice, aqui se agrupam, rodam, giram,
E, cheios de furor frenético respiram,
Ora cegos de raiva, afastados, dispersos,
Arrojam-se a correr. Vão por trilhos diversos,
Esbraseando o olhar, dilatando as narinas.
Transpõem num momento os vales e as colinas,
Sobem aos alcantis, descem pelas encostas,
Recruzam-se febris em direções opostas,
Té que da presa, enfim, nos músculos cansados

---

* *In*: *Fanfarras*. São Paulo: Dolivaes Nunes, 1882, pp. 7-9.

Cravam com avidez os dentes afiados.
Não de outro modo, assim meus sôfregos desejos,
Em matilha voraz de alucinados beijos,
Percorrem-te o primor às langorosas linhas,
As curvas juvenis, onde a volúpia aninhas,
Frescas ondulações de formas florescentes
Que o teu contorno imprime às roupas eloquentes:
O dorso aveludado, elétrico, felino,
Que poreja um vapor aromático e fino;
O cabelo revolto em anéis perfumados,
Em fofos turbilhões, elásticos, pesados;
As fibrilhas sutis dos lindos braços brancos,
Feitos para apertar em nervosos arrancos;
A exata correção das azuladas veias,
Que palpitam, de fogo intumescidas, cheias,
– Tudo a matilha audaz perlustra, corre, aspira,
Sonda, esquadrinha, explora e anelante respira,
Até que, finalmente, embriagada, louca,
Vai encontrar a presa, – o gozo – em tua boca.

D. Juan nos Infernos*

(Baudelaire)

Quando D. Juan desceu ao subterrâneo rio
E pagou a Caronte o óbolo supremo,
Antístenes soberbo, um mendigo sombrio
Um braço vingador lançou a cada remo.

Como um grande tropel de vítimas expostas
Mulheres mil e mil, ao atro firmamento,
Erguiam, seios nus, as roupas descompostas,
Enquanto o herói passava, um lúgubre lamento

Sganarelo, a rir, lhe reclamava as pagas,
Enquanto D. Luís com o dedo que tremia,
Mostrava a cada morto errante sobre as plagas –
O filho, que das cãs do velho escarnecia.

A casta e magra Elvira, um último tributo
Em que do amor primeiro inda provasse o mel,
Parecia implorar, fremente sob o luto,
Ao que lhe fora amante e marido infiel.

---

* *In*: *Fanfarras*. São Paulo: Dolivaes Nunes, 1882, pp. 57-8.

Sob as armas erecto, abrindo o torvo rio,
Um alto homem de pedra estava ao leme posto;
– Mas, curvado, fitando a espuma, calmo e frio,
Não se dignava o herói sequer voltar o rosto!

Manhã de Inverno*

(Baudelaire)

O inverno é para mim a mais doce estação.
Como sinto-me bem! – Amortalhando o lago,
A névoa, que me envolve a fronte e o coração,
Se fecha sobre mim como um túmulo vago.

Nos plainos, que percorre o bulcão frio e torvo,
E aonde à longa noite os mochos enrouquecem,
Melhor do que no tempo em que os bosques florescem,
Minha alma largamente abre as asas de corvo!

---

* *In*: *Fanfarras*. São Paulo: Dolivaes Nunes, 1882, p. 56.

Teus Cabelos*

Os anéis de tua trança
Vaporam luar sombrio,
Onde minha alma, criança,
Debate-se em desvario.

Deixa que eu ta veja solta,
Boiando na espádua nua,
Qual negra nuvem revolta
Sobre o alabastro da Lua.

Minha alma é um astro apagado
Tão triste que não há vê-lo,
Se não brilha mergulhado
Na noite do teu cabelo.

Quando livre cai-te à planta
Essa onda de negrume,
Todo o meu ser se levanta
Numa nuvem de perfume!

---

* *In*: *Cantos Tropicais*. Rio de Janeiro: Agostinho Gonçalves Guimarães, 1878, pp. 14-15.

Em cada fio, que pende
De tua trança caída,
Uma esperança se prende,
– Um ano de minha vida!

E a cada teu movimento,
Se o débil fio se agita,
Vacila meu pensamento,
– Todo o universo palpita!

Feliz de mim, se eu pudera
Expirar num desvario,
Respirando a primavera
Do teu cabelo sombrio!

A Nuvem*

Sulcas o ar de um rastro perfumoso
Que os nervos me alvoroça e tantaliza,
Quando o teu corpo musical desliza
Ao hino do teu passo harmonioso.

A pressão do teu lábio saboroso
Verte-me na alma um vinho que eletriza,
Que os músculos me embebe, e os nectariza,
E afrouxa-os, num delíquio langoroso.

E quando junto a mim passas, criança,
Revolta a crespa, luxuosa trança,
Na espádua arfando em túrbidos negrumes,

Naufraga-me a razão em sombra densa,
Como se houvera sobre mim suspensa
Uma nuvem de cálidos perfumes!

---

* *In: Fanfarras*. São Paulo: Dolivaes Nunes, 1882, pp. 13-14.

Os Seios*

Como serpente arquejante
Se enrosca em férvida areia,
Meu ávido olhar se enleia
No teu colo deslumbrante.

Quando o descobres, no ar
Morno calor se dissolve
Do aroma em que ele se envolve
Como em neblina o luar.

Se ao corpo te enrosco os braços,
A terra e os céus estremecem,
E os mundos febris parecem
Derreter-se nos espaços!

E tu nem sequer presumes
Que então, querida, até creio
Sorver, desfeito em perfumes,
Todo o sangue do teu seio.

---

* *In: Fanfarras*. São Paulo: Dolivaes Nunes, 1882, pp. 20-21.

Depois que aspiro, ansiado,
Do teu níveo colo o incenso,
Minh'alma semelha um lenço
De viva essência molhado.

Deixa que a louca se deite
Nesse torpor que extasia,
E que o vinho do deleite
Me espume na fantasia:

Pois não há ópio ou hachis
Que me abrilhante as ideias
Como as fragrâncias sutis
Que fervem nas tuas veias!

*Latet Anguis**

O som que tua voz límpida exala,
Grato feitiço mágico resume:
A frase mais vulgar, na tua fala,
Colorido, matiz, brilhando, assume.

Afaga como a luz; como um perfume
Pela alma filtra, e se insinua e cala,
E, só de ouvi-la, o espírito presume
Que um éter, feito de torpor, o embala.

Quando a paixão altera-lhe a frescura,
Quando o frio desdém lhe tolda o acorde
À viva polidez, vibrante e pura,

Não se lhe nota um frêmito discorde:
– Apenas do primor com que fulgura
Às vezes a ironia salta – e morde.

* *In: Fanfarras*. São Paulo: Dolivaes Nunes, 1882, pp. 28-29.

O Leito*

Mares, de espúmeo albor de rendas revestidos!
Vagas, cheias de aroma, e de torpor fecundas!
Para a febre lenir que esvaira-me os sentidos,
Quero nestes lençóis mergulhá-los, vencidos,
Num mar de sensações letárgicas, profundas!

Aqui, de regiões opostas, climas vários
Vieram se encontrar, por diversos caminhos,
Para depor, fiéis, submissos tributários,
Os prodígios do gosto, árduos, imaginários,
Em perfume, em cetins, em sedas, em arminhos.

Despenhado do teto, em turbilhão se entorna,
Muda, imóvel cascata, a cortina nitente,
Derramando no ar uma preguiça morna,
Que os músculos distende e os nervos amadorna
Em íntima volúpia, estranha, inconsciente.

---

* *In: Fanfarras*. São Paulo: Dolivaes Nunes, 1882, pp. 24-25.

Repassa, embebe a alcova, em toda a plenitude,
A emanação sutil, que enleva, que extasia,
De um corpo virginal e cheio de saúde,
Grato eflúvio do sangue, em plena juventude,
Que do olfato a avidez satura, e não sacia.

Perfumados lençóis! vós sois as brancas tendas,
Onde, árabes do amor, meus vagos pensamentos
Nas solidões da noite ouvem estranhas lendas,
Enquanto sob um céu enublado de rendas
Enerva-me o luar de uns olhos sonolentos!

A Voz*

Vibra na tua voz, de um pérfido atrativo,
Um ritmo fatal, dissolvente, impressivo,
Que me acelera o impulso ao sangue impetuoso,
E dócil ao seu timbre elétrico, expressivo,
Meu ouvido o reflete, em frêmito nervoso.

No som dominador, na imperiosa ternura,
Exala sensações funestas; – a loucura,
A vertigem, a febre; e – estranha fantasia!
A embriaguez cruel, que afaga, e que tortura,
Um filtro musical, um vinho de harmonia.

Exerce sobre mim um brando despotismo
Que me orgulha, e me abate; – e há nesse magnetismo
Uma força tamanha, uma eletricidade,
Que me fascina e prende às bordas de um abismo,
Sem que eu tente fugir, – inerte, sem vontade.

---

* *In*: *Fanfarras*. São Paulo: Dolivaes Nunes, 1882, pp. 22-3.

Assim como o pendor, fácil, acidentado,
De rocha de cristal, que a linfa tem cavado,
Presta à onda, que o mina, o voluptuoso dorso,
Por onde ela espreguiça o corpo perfumado,
Indolente, a rolar, sem o mínimo esforço,

Não de outro modo, assim, ao som de tua fala,
Há um declive doce, extático, que embala,
No fundo de minha alma, a tua voz tremente,
Que em meandros sutis, invisíveis, resvala
E penetra-lhe o abismo harmoniosamente.

*Spleen**

Minha alma é um velho arsenal,
Cheio de armas assassinas;
Tem a mudez sepulcral
Que paira sobre as ruínas.

Das paredes denegridas,
Da mão do tempo gretadas,
Pendem fúnebres espadas
Pela ferrugem comidas.

Há punhais de gumes tredos,
Cuja lâmina sinistra
Rápida morte ministra
A quem lhe perpassa os dedos.

Sobre os ladrilhos sombrios
Rolam farrapos poentos,
Que pelas malhas dos fios
Mostram vestígios sangrentos.

---

* *In*: *Fanfarras*. São Paulo: Dolivaes Nunes, 1882, pp. 64-6.

Neste recinto funéreo
Não entra o rumor diurno:
O seu aspecto soturno
Lembra a paz de um cemitério.

Mas, como um monge piedoso,
Lento, grave, a passo incerto,
Cheio de horror religioso
Percorre um claustro deserto,

Também eu, mudo, contemplo,
Concentrado e recolhido,
As solidões do meu templo
Todo em ruínas caído.

E de as ver, – de um vago imenso
Desola-me o peso atroz,
Como um mar profundo, extenso,
Que, num silêncio feroz,

Cerca-me surdo e sombrio,
E após, refluindo ao largo,
Só me deixa ao lábio frio
Vestígios do lodo amargo.

Saudade*

A saudade da amada criatura
Nutre-nos na alma dolorido gozo,
Uma inefável, íntima ternura,
Um sentimento acerbo e voluptuoso.

Aquele amor cruel e carinhoso
Na memória indelével nos perdura,
Como acre aroma absorto na textura
De um cofre oriental, fino e poroso.

– Entranha-se; invetera-se; – de jeito,
Que do tempo ao volver, lento e nocivo,
Resiste; – e ainda mil pedaços feito

O lígneo cárcer, que o retém cativo,
Cada parcela reproduz perfeito
O mesmo aroma, inalterável, vivo.

---

* *In*: *Fanfarras*. São Paulo: Dolivaes Nunes, 1882, pp. 42-3.

Série Essencial

001 Oswaldo Cruz, *Moacyr Scliar*
002 Antônio Houaiss, *Afonso Arinos, filho | 1.ª ed., ABL, esgotado.*
003 Peregrino Júnior, *Arnaldo Niskier*
004 João do Rio, *Lêdo Ivo*
005 Gustavo Barroso, *Elvia Bezerra*
006 Rodolfo Garcia, *Maria Celeste Garcia*
007 Pedro Rabelo, *Ubiratan Machado*
008 Afonso Arinos de Melo Franco, *Afonso Arinos, filho*
009 Laurindo Rabelo, *Fábio Frohwein de Salles Moniz*
010 Artur Azevedo, *Sábato Magaldi*
011 Afonso Arinos, *Afonso Arinos, filho*
012 Cyro dos Anjos, *Sábato Magaldi*
013 Euclides da Cunha, *José Maurício Gomes de Almeida*
014 Alfredo Pujol, *Fabio de Sousa Coutinho*
015 João Cabral de Melo Neto, *Ivan Junqueira*
016 Ribeiro Couto, *Elvia Bezerra*
017 José do Patrocínio, *Cecilia Costa Junqueira*
018 Bernardo Élis, *Gilberto Mendonça Teles*
019 Teixeira de Melo, *Ubiratan Machado*
020 Humberto de Campos, *Benicio Medeiros*
021 Gonçalves Dias, *Ferreira Gullar*
022 Raimundo Correia, *Augusto Sérgio Bastos*
023 Rachel de Queiroz, *José Murilo de Carvalho*
024 Alberto de Oliveira, *Sânzio de Azevedo*
025 Álvares de Azevedo, *Marlene de Castro Correia*
026 Alberto de Faria, *Ida Vicenzia*
027 Machado de Assis, *Alfredo Bosi*

028 Álvaro Moreyra, *Mario Moreyra*
029 Austregésilo de Athayde, *Laura Sandroni*
030 Antônio José da Silva, *Paulo Roberto Pereira*
031 Afrânio Coutinho, *Eduardo Coutinho*
032 Sergio Corrêa da Costa, *Edla van Steen*
033 Josué Montello, *Cláudio Murilo Leal*
034 Mário Cochrane de Alencar, *Flávia Amparo*
035 Alcântara Machado, *Marco Santarrita*
036 Domício da Gama, *Ronaldo Costa Fernandes*
037 Gregório de Matos, *Adriano Espínola*
038 Magalhães de Azeredo, *Haron Jacob Gamal*
039 Visconde de Taunay, *Mary del Priore*
040 Graça Aranha, *Miguel Sanches Neto*
041 Luiz Edmundo, *Maria Inez Turazzi*
042 Coelho Neto, *Ubiratan Machado*
043 Lafayette Rodrigues Pereira, *Fabio de Sousa Coutinho*
044 Júlio Ribeiro, *Gilberto Araújo*
045 Castro Alves, *Alexei Bueno*
046 Vianna Moog, *Luis Augusto Fischer*
047 Augusto de Lima, *Paulo Franchetti*
048 Celso Cunha, *Cilene da Cunha Pereira*
049 Antonio Callado, *Ana Arruda Callado*
050 Goulart de Andrade, *Sânzio de Azevedo*
051 Araripe Júnior, *Luiz Roberto Cairo*
052 Matias Aires, *Rodrigo Petronio*
053 Pardal Mallet, *André Seffrin*
054 Teófilo Dias, *Wellington de Almeida Santos*

IMPRENSA OFICIAL DO ESTADO DE SÃO PAULO

Coordenação Editorial: *Cecília Scharlach*
Assistência Editorial: *Ariadne Martins*
Assistência à Editoração: *Ana Lúcia Charnyai*
Fernanda Buccelli
Marilena Camargo Villavoy
Marli Santos de Jesus
Teresa Lucinda Ferreira de Andrade
Editoração, CTP, Impressão e Acabamento: *Imprensa Oficial do Estado de São Paulo*

Foi feito o depósito legal na Biblioteca Nacional
(lei nº 10.994, de 14.12.2004)

Impresso no Brasil

Formato: *13 x 18,5 cm*
Tipologia: *Caslon*
Papel Capa: *Cartão Triplex 250 g/m²*
Miolo: *Pólen Soft 80 g/m²*
Número de páginas: *68*
Tiragem: *2000*

Rua da Mooca, 1.921 Mooca
03103 902 São Paulo SP
sac 0800 01234 01
sac@imprensaoficial.com.br
livros@imprensaoficial.com.br
www.imprensaoficial.com.br